ENGLISH G

| G9 |

access 4

VOKABELTASCHENBUCH

Vokabel Trainer

Cornelsen

Vokabeltrainer-App

Verfügbar für: iOS, Android und Windows Phone

Cornelsen

Hier siehst du, wie das **Vocabulary** aufgebaut ist:

Diese Zahl gibt die **Seite** an, auf der die Wörter zum ersten Mal vorkommen: p. 12 = Seite 12

Diese **Kästen** solltest du dir immer besonders gut ansehen: Hier sind Vokabeln zu einem bestimmten Thema zusammengestellt. Oder du erfährst mehr über ein Wort und wie es verwendet wird.

p. 12 **subway** ['sʌbweɪ] *(AE)*	U-Bahn	= *BE* underground
square [skweə]	Platz *(in der Stadt)*	Times Square and Trafalgar Square are famous **~s** in the USA and the UK.
(to) **crash** [kræʃ]	abstürzen *(Flugzeug; Computer)*	**(to) crash** • The plane **crashed into** an offi… (… stürzte/krachte in ein Büro…) • The car went off the road and c… tree. (… fuhr/krachte/knallte …) • My computer **crashed** and I los…
death [deθ]	Tod	**death** ◄► **life**
(to) **protest** [prə'test] *(AE auch:* ['prəʊtest]*)*	protestieren	! *English:* (to) **protest against sth.** / (to) **protest sth.** *(bes. AE)* *German:* **gegen etwas protestieren**
protest ['prəʊtest]	Protest	

Die Tilde in den Beispielsätzen steht für das neue Wort.
square - Times Square and Trafalgar Square are the most famous ~s.
(= … most famous **squares**.)

Die **Lautschrift** zeigt dir, wie ein Wort ausgesprochen wird.
Eine Übersicht über alle **Lautschriftzeichen** findest du auf S. 5.

Dies ist das „Gegenteil"-Zeichen:
death und **life** sind Gegenteile.

Eingerückte Wörter lernst du am besten zusammen mit dem vorausgehenden Wort, weil die beiden zusammengehören.

Das **rote Ausrufezeichen** bedeutet: Vorsicht, hier macht man leicht Fehler!

Im **Vocabulary** werden folgende **Abkürzungen** verwendet:

p. = page (Seite)	pp. = pages (Seiten)
sth. = something (etwas)	sb. = somebody (jemand)
jn. = jemanden	jm. = jemandem
pl = *plural* (Mehrzahl)	
infml = *informal* (umgangssprachlich)	
AE = *American English*	*BE* = *British English*
Ⓕ = *verwandtes Wort im Französischen*	Ⓛ = *verwandtes Wort im Lateinischen*

- Eine Übersicht über alle **Lautschriftzeichen** und das englische **Alphabet** findest du auf S. 5.
- Eine Liste der **unregelmäßigen Verben** steht auf den Seiten 57–61.

English sounds

[iː]	green, he, sea
[i]	happy, monkey
[ɪ]	big, in, expensive
[e]	red, yes, again, breakfast
[æ]	cat, animal, apple, black
[ɑː]	class, ask, car, park
[ɒ]	song, on, dog, what
[ɔː]	door, or, ball, four, morning
[uː]	blue, ruler, too, two, you
[ʊ]	book, good, pullover
[ʌ]	mum, bus, colour
[ɜː]	girl, early, her, work, T-shirt
[ə]	a partner, again, today
[eɪ]	name, eight, play, great
[aɪ]	time, right, my, I
[ɔɪ]	boy, toilet, noise
[əʊ]	old, no, road, yellow
[aʊ]	town, now, house
[ɪə]	here, year, idea
[eə]	where, pair, share, their
[ʊə]	tour

[b]	boat, table, verb
[p]	pool, paper, shop
[d]	dad, window, good
[t]	ten, letter, at
[g]	good, again, bag
[k]	cat, kitchen, back
[m]	mum, man, remember
[n]	no, one, ten
[ŋ]	song, young, uncle, thanks
[l]	hello, like, old, small
[r]	red, ruler, friend, sorry
[w]	we, where, one
[j]	you, yes, uniform
[f]	family, after, laugh
[v]	river, very, seven, have
[s]	sister, poster, yes
[z]	please, zoo, quiz, his, music
[ʃ]	shop, station, English
[ʒ]	television, usually
[tʃ]	teacher, child, watch
[dʒ]	Germany, job, project, orange
[θ]	thanks, three, bathroom
[ð]	the, this, father, with
[h]	here, who, behind

The English alphabet

a	[eɪ]	**n**	[en]
b	[biː]	**o**	[əʊ]
c	[siː]	**p**	[piː]
d	[diː]	**q**	[kjuː]
e	[iː]	**r**	[ɑː]
f	[ef]	**s**	[es]
g	[dʒiː]	**t**	[tiː]
h	[eɪtʃ]	**u**	[juː]
i	[aɪ]	**v**	[viː]
j	[dʒeɪ]	**w**	['dʌbljuː]
k	[keɪ]	**x**	[eks]
l	[el]	**y**	[waɪ]
m	[em]	**z**	[zed]

Am besten kannst du dir die Aussprache der einzelnen Lautzeichen einprägen, wenn du dir zu jedem Zeichen ein einfaches Wort merkst –
das [iː] ist der **green**-Laut,
das [eɪ] ist der **name**-Laut usw.

Unit 1 New York

p. 12	**subway** ['sʌbweɪ] *(AE)*	U-Bahn	= *BE* underground	(L) sub *(unter)*
	central ['sentrəl]	zentral, Zentral-, Mittel-	! stress: **central** ['sentrəl]	
	avenue ['ævənjuː]	Allee, Boulevard		(F) l'avenue *(f)*
	statue ['stætʃuː]	Statue	! pronunciation: **statue** ['stætʃuː]	(L) statua
	liberty ['lɪbəti]	Freiheit		(F) la liberté (L) libertas *f*
	square [skweə]	Platz *(in der Stadt)*	Times Square and Trafalgar Square are the most famous **~s** in the USA and the UK.	
p. 14	**metal** ['metl]	Metall; Metall-	! stress: **metal** ['metl]	(F) le métal

Part A

p. 16	**newspaper** ['njuːspeɪpə] **(***kurz auch:* **paper)**	Zeitung	
	(to) **crash** [kræʃ]	abstürzen *(Flugzeug; Computer)*	

(to) crash

- The plane **crashed into** an office block. (… stürzte/krachte in ein Bürogebäude.)
- The car went off the road and **crashed into** a tree. (… fuhr/krachte/knallte gegen …)
- My computer **crashed** and I lost lots of work.

within [wɪ'ðɪn]	innerhalb (von)	Can you finish your project ~ a week?
terrorist ['terərɪst]	terroristische(r, s); Terrorist/in	! stress: **<u>ter</u>rorist** ['terərɪst] (F) le/la terroriste (L) terrere *(erschrecken)*
network ['netwɜːk]	Netz, Netzwerk	
attack [ə'tæk]	Angriff	verb: (to) **attack** ~ noun: **attack**
(to) **force your way into** sth. [fɔːs]	sich in etwas eindrängen	The door was closed and we had to ~ our **way into** the room.
control [kən'trəʊl]	Kontrolle	Never let anyone **take ~ of** your computer. *(Kontrolle übernehmen)*
target ['tɑːgɪt]	Ziel, Zielscheibe	The terrorists didn't hit their ~.  a **target**
brave [breɪv]	mutig, tapfer	She was very ~: she jumped into the river and saved the little dog's life. ! • ein **mutiges** Kind = a **brave** child • ein **braves** Kind = a **well-behaved** child / a **good** child
thousand ['θaʊznd]	tausend; Tausend	

floor [flɔː]	Geschoss, Etage, Stockwerk	Our flat is on the third ~.
death [deθ]	Tod	**death ◄► life**
skyscraper ['skaɪskreɪpə]	Wolkenkratzer	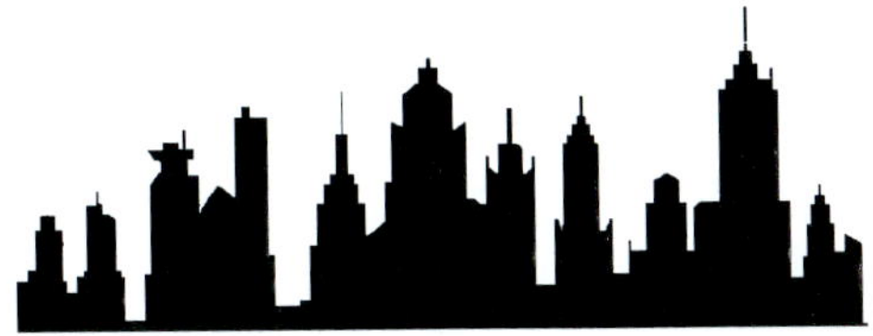 **the Manhattan skyline**
(to) **collapse** [kə'læps]	einstürzen; zusammenbrechen	
thick [θɪk]	dick	! *German* **dick** = **1. fat** *(person, animal)* **2. thick** *(book, pullover, sauce, cloud, wall, …)*
dust [dʌst]	Staub	
emergency [ɪ'mɜːdʒənsi]	Notfall, Not-	There's been an accident. Can you call the ~ **services** *(Not-, Rettungsdienste)*, please?
service ['sɜːvɪs]	Dienst, Service	There's a good bus ~ in New York. I was disappointed with the bad ~ in the restaurant. (F) le service (L) servus *(Sklave)*
neighborhood *(AE)* / **neighbourhood** *(BE)* ['neɪbəhʊd]	Viertel, Gegend, Umgebung; Nachbarschaft	We live in a great ~ with lots of shops and parks.

as if [æz‿ˈɪf]	als ob	He looks **as if** he's crying. ❗ *German* **als ob** = **1. like** **2. as if** *(a bit more formal than* **like***)*
(to) **stick** [stɪk], **stuck, stuck** [stʌk]	bleiben; kleben	Why do bad songs always ~ in my head? **Stick** the picture onto the poster.
mind [maɪnd]	Verstand, Sinn, Geist	Grandpa is very old, but his ~ is still very active.
(to) **be alive** [əˈlaɪv]	leben, am Leben sein	(to) **be alive** ◄► (to) **be dead**
image [ˈɪmɪdʒ]	Bild, Abbild; Vorstellung	When I hear 'NYC', I have an ~ of skyscrapers in my head. Ⓕ l'image *(f)* Ⓛ *imago f*
historic [hɪˈstɒrɪk]	historisch *(geschichtlich bedeutsam)*	The first landing on the moon was a ~ event.
p. 17 **high school** [ˈhaɪ skuːl]	*(USA) Schule für 14- bis 18-Jährige*	
locker [ˈlɒkə]	Schließfach, Spind	**lockers** 
backpack [ˈbækpæk] (*BE auch:* **rucksack** [ˈrʌksæk])	Rucksack	 **backpacks** (*BE auch:* **rucksacks**)

shot [ʃɒt]	Aufnahme, Foto; *(Film)* Einstellung, Szene	
block [blɒk]	(Häuser-, Wohn-)Block	
anniversary [ˌænɪˈvɜːsəri]	Jahrestag	May 8th is the ~ of John's death. (… Johns Todestag) (F) l' anniversaire *(m)* (L) *anniversarium*
rose [rəʊz]	Rose	(F) la rose
(to) **roar** [rɔː]	tosen, dröhnen	The waves **~ed** as the storm got stronger.
foot [fʊt], *pl* **feet** [fiːt]	Fuß *(Längenmaß; ca. 30 cm)*	! **foot** = **1.** Fuß *(Körperteil)*; **2.** Fuß *(Längenmaß)* She's over six **feet** tall. (= over 1.83 metres)
(to) **lean** [liːn]	sich lehnen; sich beugen	 He's **~ing** forward to talk to the driver.
inch [ɪntʃ]	Zoll *(Längenmaß; 2,54 cm)*	12 **inches** = 1 foot (about 30 centimetres)
(to) **arrest** [əˈrest]	verhaften, festnehmen	After the body was found, the police quickly **~ed** a 32-year-old man. (F) arrêter qn.

	(to) **bury** ['beri]	begraben, beerdigen	He died on holiday in Spain and was **buried** there.
	cemetery [*BE:* 'semətri, *AE:* 'seməteri]	Friedhof	an area of land where people are buried (F) le cimetière
	I'd better … **(= I had better …)**	Ich sollte lieber …	It's getting late. **I'd** ~ call Mum. (= I should call …) It's cold. **You'd** ~ put on a pullover. (= You should put on …)
	I guess …	Ich nehme an, … / Ich denke, …	If he hasn't had lunch **I** ~ he'll be hungry.
p. 19	**way** [weɪ]	Art und Weise	

way ("Art und Weise")

Try to introduce your topic **in an interesting way**.	auf eine interessante Art und Weise
In this way, you will make sure that everyone enjoys your talk.	auf diese Weise
I like **the way** Oliver ended his talk.	die Art und Weise, wie …
John is like his father **in some/many ways**.	in mancher/vielerlei Hinsicht

p. 20	(to) **have** sth. **in common** ['kɒmən]	etwas miteinander gemein haben	We're the same age, but we don't **have** much **in** ~. (L) communis, -e *(gemeinsam)*
	fall [fɔːl] *(AE)*	Herbst	= *BE* autumn
	leaf [liːf], *pl* **leaves**	Blatt	In the fall, the **leaves** fall to the ground.
p. 21	**colourful** ['kʌləfl]	bunt, farbenfreudig	

Part B

p. 24	**mood** [muːd]	Laune, Stimmung	*English:* (to) **be in a good/bad mood** *German:* **gute/schlechte Laune haben**
	crazy ['kreɪzi]	verrückt	You want to go out in this weather? You must be ~.
	weirdo ['wɪədəʊ] *(infml)*	Spinner/in	Don't walk through the park. It's full of **~s** at night.
	(to) **be keen on** sth. [kiːn]	wild auf etwas sein	**I'm** really ~ **on** sports. I go running every day.
	(to) **be keen on doing** sth.	wild darauf sein, etwas zu tun	**I'm not** very ~ **on** going to that party on Friday. Do we have to go?
	pigeon ['pɪdʒɪn]	(Stadt-)Taube	a **pigeon** (F) le pigeon 
	insulted [ɪn'sʌltɪd]	beleidigt	When he said I was fat, I felt really ~.
p. 25	**suggestion** [sə'dʒestʃən]	Vorschlag	My ~ is that we stop work and go home. verb: (to) **suggest** ~ noun: **suggestion** (F) la suggestion
	move [muːv]	Zug *(bei Brettspielen)*	(L) movere *(bewegen, sich bewegen)*
	legendary ['ledʒəndri]	legendär, berühmt	! stress: **legendary** ['ledʒəndri] (F) légendaire
	Ladies and gentlemen [ˌleɪdiz‿ən 'dʒentlmən]	Meine Damen und Herren / Sehr geehrte Damen und Herren	

	timer ['taɪmə]	Zeitmesser	
	(to) **click** [klɪk]	klicken	Open the page and ~ on the link.
p. 26	**glad** [glæd]	froh, dankbar	

Part C

p. 28	(to) **take a walk** *(bes. AE)*	spazieren gehen, einen Spaziergang machen	(to) go for a walk
	track [træk]	(Bahn-)Gleis	
	railroad ['reɪlrəʊd] *(AE)*, **railway** ['reɪlweɪ] *(BE)*	Eisenbahn	**railway tracks** *(BE)*, **railroad tracks** *(AE)*
	truck [trʌk] (*BE auch:* **lorry** ['lɒri])	Lastwagen, LKW	

	frozen ['frəʊzn]	tiefgekühlt	 a turkey  a frozen turkey
	turkey ['tɜːki]	Pute, Truthahn	
p. 29	(to) **tear** sth. **down** [ˌteə 'daʊn], **tore** [tɔː], **torn** [tɔːn]	etwas abreißen	They started **~ing** the Berlin Wall **down** in 1989.
	if [ɪf]	ob	**!** **if** = **1.** ob ~ I don't know **if** I can come to your party. **2.** wenn, falls ~ I'll come to your party **if** I can.
	space [speɪs]	Platz, Raum	I need new shelves. There's no ~ for my books! Ⓕ l'espace *(m)*
	the men **whose** homes … [huːz]	die Männer, deren Wohnungen …	**!** **whose** = **1.** wessen ~ **Whose** car is this? **2.** dessen, deren ~ The woman **whose** car was stolen …
	(to) **protest** [prə'test] *(AE auch:* ['prəʊtest]*)*	protestieren	*English:* (to) **protest against sth.** *or* (to) **protest sth.** *(bes. AE)* *German:* **gegen etwas protestieren** Ⓕ protester
	protest ['prəʊtest]	Protest	
	even though [ˌiːvn 'ðəʊ]	auch wenn; obwohl	**Even** ~ it was already 9 am, it was still dark outside.
	practical ['præktɪkl]	praktisch	Your ideas are good, but can you give me some ~ help, too? Ⓕ pratique

a **9,740-foot** swimming pool	ein 9.740 Fuß langes Schwimmbad

a 9,740-foot swimming pool, a three-pound ball

• a three-pound ball	ein drei Pfund schwerer Ball
• a 150-kilogram bear	ein 150 Kilogramm schwerer Bär
• a ten-kilometre walk	eine Zehn-Kilometer-Wanderung
• a two-hour lesson	eine zweistündige Unterrichtsstunde
• a 24-hour supermarket	ein Supermarkt, der 24 Stunden geöffnet ist
• a three-week holiday	ein dreiwöchiger Urlaub
• a 30-minute ride	eine 30-minütige Fahrt
• a 70-year-old teacher	ein 70-jähriger Lehrer

! Im Englischen steht das Nomen im Singular:
a **three-week** holiday
(nicht: a three-~~weeks~~ holiday)

roller coaster ['rəʊlə kəʊstə]	Achterbahn	
(to) **create** [kri'eɪt]	schaffen, erschaffen, kreieren	
shrub [ʃrʌb]	Strauch, Busch	
(to) **bloom** [blu:m]	blühen	
seed [si:d]	Samen	
lawn [lɔ:n]	Rasen	
work of art [ˌwɜ:k‿əv‿'ɑ:t]	Kunstwerk	(L) ars *f (Kunst)*

a **roller coaster**

	performance [pə'fɔːməns]	Aufführung, Vorstellung, Auftritt	verb: (to) **perform** ~ noun: **performance**
	awesome ['ɔːsəm] *(bes. AE, infml)*	klasse, großartig	= *BE* great, super, fantastic, cool
	council ['kaʊnsl]	Ausschuss; Rat *(Stadtrat, Gemeinderat u.Ä.)*	
	unfortunately [ʌn'fɔːtʃənətli]	leider, unglücklicherweise	We were planning a barbecue, but ~ it rained. **fortunately** (glücklicherweise) ◄► **unfortunately** (L) fortuna
p. 30	**type (of)** [taɪp]	Art, Sorte, Typ	= kind (of)
	(to) **report** [rɪ'pɔːt]	berichten	
	(to) **cover** ['kʌvə]	behandeln, abdecken	In history last term, we **~ed** the 18th century. Any more questions? – No, you've **~ed** them all. ! (to) **cover** = **1.** bedecken, zudecken; **2.** behandeln, abdecken (F) couvrir
	(to) **include** [ɪn'kluːd]	einschließen; beinhalten	Does the trip ~ a tour of the Tower of London? Our group also **~d** three children. (= Zu unserer Gruppe gehörten auch drei Kinder.)
	(to) **deal with** sth. [diːl], **dealt, dealt** [delt]	sich mit etwas beschäftigen; von etwas handeln	The film **~s with** the life of John Lennon.
p. 31	**immigrant** ['ɪmɪgrənt]	Einwanderer/Einwanderin	! stress: **immigrant** ['ɪmɪgrənt] (F) l'immigrant, e / l'immigré, e (L) immigrare

p. 38	(to) **remind** sb. [rɪ'maɪnd]	jn. erinnern	Please **remind** me that it's Grandma's birthday on Friday. I want to call her. Grandpa always says I **remind** him of his sister. ! • **remember sth.** = sich an etwas erinnern Do you **remember** her name? • **remind sb.** = jn. erinnern I mustn't forget. Please **remind** me.
	Mardi Gras [ˌmɑːdi 'ɡrɑː]	Faschingsdienstag (*auch:* die Karnevalsfeiern in New Orleans)	
	brass band [ˌbrɑːs 'bænd]	Blaskapelle	 a **brass band**
p. 39	(to) **flood** [flʌd]	überfluten, überschwemmen	
	flood	Flut, Überschwemmung	
	hurricane ['hʌrɪkən]	Hurrikan, Orkan	
	alligator ['ælɪɡeɪtə]	Alligator	! stress: <u>al</u>ligator ['ælɪɡeɪtə]
	swamp [swɒmp]	Sumpf	

Part A

p. 40	**degree** [dɪ'griː]	Grad	**Temperatures** *You say:* **25 degrees Celsius / 77 degrees Fahrenheit** *You write:* **25° C / 77° F**
	Celsius (C) ['selsiəs]	Celsius	
	Fahrenheit (F) ['færənhaɪt]	Fahrenheit	
	palm tree ['pɑːm triː]	Palme	! silent "l": **palm tree** ['pɑːm triː]
	kinda ['kaɪndə] **(= kind of)** *(infml)*	irgendwie	This place looks **kind of** scary to me. ! kind of + **noun**: What **kind of music** …? Welche **Art von Musik** …? **kind of + adjective:** He looked **kind of crazy**. … **irgendwie verrückt** …
	tropical ['trɒpɪkl]	tropisch, Tropen-	
	downtown ['daʊntaʊn] *(AE)*	im Zentrum	He lives **downtown**. *(AE)* = He lives in the city centre. *(BE)*
	head for sth. [hed]	auf etwas zusteuern/zugehen/zufahren	As soon as we arrived at the coast, we **~ed for** the beach.
	balcony ['bælkəni]	Balkon	We had a super view from our ~.
	style [staɪl]	Stil	
p. 41	**disgusting** [dɪs'gʌstɪŋ]	ekelhaft, widerlich	I find the way some people eat ~. It makes me feel sick.

chicken ['tʃɪkɪn]	Huhn; (Brat-)Hähnchen	
buck [bʌk] *(infml)* **(= dollar ($)** ['dɒlə]**)**	Dollar	
(to) **recommend** sth. **(to** sb.**)** [ˌrekə'mend]	(jm.) etwas empfehlen	I can ~ the music store on Baker Street. It's really cheap. Ⓕ recommander
stew [stjuː]	Eintopf	**stew** 
sausage ['sɒsɪdʒ]	Wurst, Würstchen	**sausages** 
shrimp [ʃrɪmp], *pl* **shrimp** *or* **shrimps**	Garnele	**shrimps** 

Thanksgiving [θæŋks'gɪvɪŋ]	Erntedankfest *(amerikanischer Feiertag am vierten Donnerstag im November)*	
habit ['hæbɪt]	(An-)Gewohnheit	something people do regularly: Doing sport is a good **habit**. Ⓛ habere *(eine Gewohnheit haben)*
(to) **block** [blɒk]	blockieren, sperren	(to) **block** emails; (to) **block** a phone number; (to) **block** sb.
advice *(no pl)* [əd'vaɪs]	Rat, Ratschlag, Ratschläge	Take my ~: Go and see a doctor. (Hör auf meinen Rat: …) ! She gave me **some** / **a piece of advice**. *Never:* She gave me some ~~advices~~ / an ~~advice~~.
timeline ['taɪmlaɪn]	Zeitstrahl, Zeitleiste	
embarrassed [ɪm'bærəst]	verlegen; peinlich berührt	
(to) **embarrass** sb. [ɪm'bærəs]	jn. in Verlegenheit bringen	
dish [dɪʃ]	Gericht *(Speise)*	What's your favourite ~? ~ Lasagne. ! **dish** = Gericht *(Speise)* **dishes** *(pl)* = (benutztes) Geschirr: (to) **clear/wash the dishes** das Geschirr abräumen/abwaschen
herb [hɜːb]	(Gewürz-)Kraut	Steak tastes better if you add ~**s** to it.

spice [spaɪs]	Gewürz	In winter, Grandma likes tea with **~s** in it.
ingredient [ɪn'griːdiənt]	Zutat	What **~s** do you need to make scones? Ⓕ l'ingrédient *(m)*
(to) **combine** [kəm'baɪn]	kombinieren, verbinden	First, ~ the eggs with cream and add some yoghurt. Ⓕ combiner
Native American [ˌneɪtɪv‿ə'merɪkən]	amerikanischer Ureinwohner/ amerikanische Ureinwohnerin	Ⓛ nasci *(geboren werden)*
p. 42 **dairy products** *(pl)* ['deəri prɒdʌkts]	Milchprodukte, Molkereiprodukte	
beef [biːf]	Rindfleisch	!
pork [pɔːk]	Schweinefleisch	

	The animal	The meat	
• *English:*	**cow**	**beef**	Ⓕ le bœuf
German:	**Kuh**	**Rindfleisch**	
• *English:*	**pig**	**pork**	Ⓕ le porc
German:	**Schwein**	**Schweinefleisch**	

tinned [tɪnd]	Dosen-; in Dosen	We had ~ spaghetti for lunch today. I didn't like it.
powder ['paʊdə]	Pulver	We haven't got any fresh milk, but we've got some milk ~. Ⓕ la poudre

Food words

rice [raɪs]

beans [biːnz]
Bohnen

lentils ['lentlz]
Linsen

onions ! ['ʌnjənz]

peppers

mushrooms
['mʌʃrʊmz, 'mʌʃruːmz]

spinach (frozen)
['spɪnɪtʃ]

garlic ['gɑːlɪk]

parsley ['pɑːsli]
Petersilie

lemons
['lemənz]

nuts [nʌts]

butter ['bʌtə]

salt [sɔːlt] + **pepper**

sugar ['ʃʊgə]

flour ['flaʊə]

(to) **bake** [beɪk]	backen
(to) **boil** [bɔɪl]	kochen; zum Kochen bringen

German "kochen"

- (to) **cook a meal** — (ein) Essen kochen, eine Mahlzeit zubereiten
- (to) **boil water/eggs/potatoes** — Wasser/Eier/Kartoffeln kochen
- (to) **make tea/coffee/soup** — Tee/Kaffee/Suppe kochen

! Who is going to **cook / do the cooking** this evening? — Wer kocht heute Abend?

(to) **fry** [fraɪ]	braten *(in der Pfanne)*
(to) **roast** [rəʊst]	braten *(im Backofen)*

frying pan **saucepan** **oven**

frying pan ['fraɪɪŋ pæn]	Bratpfanne
saucepan ['sɔːspən]	Kochtopf, Stieltopf
oven ['ʌvn]	Backofen
vegetarian [ˌvedʒə'teəriən]	Vegetarier/in; vegetarisch
bitter ['bɪtə]	bitter
hot [hɒt]	scharf (gewürzt)
sour ['saʊə]	sauer, säuerlich

! pronunciation: **oven** ['ʌvn]

	spicy ['spaɪsi]	würzig, pikant	
	(to) **fancy** sth. ['fænsi] *(infml)*	Lust auf etwas/zu etwas haben	I'm so hungry. I really ~ a hamburger.
p. 43	**relevant (to** sth.**)** ['reləvənt]	relevant, wichtig (für etwas)	! stress: **re**levant ['reləvənt]
	allergic (to sth.**)** [ə'lɜːdʒɪk]	allergisch (gegen etwas)	I mustn't eat that cake. I'm ~ **to** nuts. Ⓕ allergique
	light green/blue/…	hellgrün/-blau/…	**light green/blue/… ◄► dark green/blue/…**
	taste [teɪst]	Geschmack	I'm a vegetarian because I don't like the ~ of meat.
	waiter ['weɪtə] **/** **waitress** ['weɪtrəs]	Kellner/Kellnerin	
	menu ['menjuː]	Speisekarte	! stress: **me**nu ['menjuː]
	(to) **paraphrase** ['pærəfreɪz]	umschreiben, anders ausdrücken	If you can't think of the right word, try to ~ it. Ⓕ paraphraser
p. 44	**healthy** ['helθi]	gesund	

Part B

p. 46	(to) **tune** [tjuːn]	stimmen *(Instrument)*	Bass guitars are usually **~d** to E, A, D and G.
	(to) **tighten** ['taɪtn]	spannen, festziehen, nachziehen	If you ~ the string, the note becomes higher.

string [strɪŋ]	Saite	 
closet ['klɒzɪt] *(bes. AE)*	Wandschrank *(oft begehbar)*	**strings** / a **closet**
I would have screamed too.	Ich hätte auch geschrien.	I **would have been** too scared (Ich wäre zu ängstlich gewesen.) You **could have asked** me. (Du hättest mich fragen können.) They **must have been** asleep. (Sie müssen geschlafen haben.)
slavery ['sleɪvəri]	Sklaverei	
slave [sleɪv]	Sklave, Sklavin	(F) l'esclave *(m/f)*
(to) **belong to** sb. [bɪ'lɒŋ]	jm. gehören; zu jm. gehören	I think this bag **~s to** Jill. (= I think this is Jill's bag.)
great-grandfather/ great-grandmother	Urgroßvater/ Urgroßmutter	 
porch [pɔːtʃ]	Veranda *(AE)*; Vorbau, Vordach *(BE)*	**porch** *(AE)* / **porch** *(BE)*

honey ['hʌni]	Honig; *(infml, als Anrede:)* Schatz, Schätzchen	

one/ones

If you don't want to repeat a noun, you use **one** (singular) or **ones** (plural):

Go upstairs and bring down my box, please. You know **which one**.	… Du weißt, welche.
The shops here are a lot cheaper than **the ones** in Bourbon Street.	… als die in Bourbon Street.
Which T-shirt would you like? ~ **The blue one**.	… Das blaue.

he killed the alligator **himself**	er hat den Alligator selbst getötet

German "selbst"

Die Reflexivpronomen **myself, yourself, themselves** usw. kennst du bereits.
Diese Pronomen werden auch verwendet, um ein Nomen (oder Pronomen) hervorzuheben (Sätze 1 und 2) oder um zu betonen, dass jemand etwas allein, ohne Hilfe getan hat (Sätze 3 und 4). Im Deutschen steht meist **selbst**.

1) The director **himself** welcomed us.	Der Regisseur selbst hieß uns willkommen.
2) The room **itself** was OK, but the view was terrible.	Das Zimmer selbst war in Ordnung, …
3) This is good. Did you cook it **yourself**?	… Hast du es selbst gekocht?
4) It'll be cheaper if we paint the room **ourselves**.	…, wenn wir das Zimmer selbst streichen.

jewellery *(BE)* **/ jewelry** *(AE)* *(no pl)* ['dʒuːəlri]	Schmuck	rings, earrings, etc.
pile [paɪl]	Stapel, Haufen	I can't come, I have a ~ of work to do.

segregation [ˌsegrɪ'geɪʃn]	Trennung *(nach Hautfarbe, Religion oder Geschlecht)*	There is ~ in some swimming pools. Men and women are not allowed to swim at the same time.
(to) **be afraid (of** sth./sb.**)** [ə'freɪd]	Angst haben (vor etwas/jm.)	My mother **is** ~ **of** snakes.
p. 47 **civil rights** *(pl)* [ˌsɪvl 'raɪts]	Bürgerrechte	Ⓛ civis *m, f (Bürger/in)*
diner ['daɪnə] *(AE)*	*(kleines, preiswertes)* Restaurant	
counter ['kaʊntə] *(AE)* (*kurz für:* **countertop)**	Arbeitsplatte; Küchentheke	**counter(top)** *(AE)* **worktop** *(BE)* Ⓕ le comptoir 
in the 1960s [ˌnaɪntiːn'sɪkstiz]	in den 60er-Jahren (des 20. Jahrhunderts)	
movie theater ['muːvi θɪətə] *(AE)*	Kino	= *BE* cinema

movie ['mu:vi]	Film	
streetcar ['stri:tkɑ:] *(AE)* **/** **tram** [træm] *(BE)*	Straßenbahn	a New Orleans **streetcar** 
all over the city / the world	in der ganzen Stadt/ auf der ganzen Welt	The singer Adele is famous ~ ~ **the world**.
discrimination (against) [dɪˌskrɪmɪ'neɪʃn]	Diskriminierung (von)	*English:* **discrimination against** women/foreigners *German:* **Diskriminierung von** Frauen/Ausländern Ⓕ la discrimination
both … and … [bəʊθ]	sowohl … als auch …	English is spoken ~ in Britain **and** in the USA.
(to) **stand up (for/against sth./sb.)** [ˌstænd‿'ʌp]	eintreten/sich einsetzen (für/ gegen etwas/jn.)	It's important to ~ **up for** your rights. Nelson Mandela **stood up against** discrimination.
(to) **beat** sb. **up**	jn. zusammenschlagen	
(to) **murder** ['mɜ:də]	morden, ermorden	
courage ['kʌrɪdʒ]	Mut, Courage	I didn't have the ~ to help them. Ⓕ le courage (= I was too scared to help them.)
(to) **speak out**	den Mund aufmachen; sich (kritisch) äußern	You can't change things if you don't ~ **out**.
(to) **call** sb. **names**	jn. beschimpfen, jm. Schimpfwörter nachrufen	The kids **~ed him names** because of his big nose.

	prejudice (against) ['predʒudɪs]	Vorurteil (gegen), Voreingenommenheit (gegenüber)	Some people still have a ~ **against** girls and think that girls aren't good at maths. Ⓕ le préjugé Ⓛ prae (vor), iudicium *n (Urteil)*
	generation [ˌdʒenə'reɪʃn]	Generation	! stress: gene**ra**tion [ˌdʒenə'reɪʃn] Ⓕ la génération
	system ['sɪstəm]	System	! stress: **sy**stem ['sɪstəm] Ⓕ le système
	complete [kəm'pliːt]	vollständig, komplett	adjective: **complete** adverb: **completely** völlig, vollkommen Ⓛ complere *(füllen)*
	(to) **complete** [kəm'pliːt]	abschließen, vollenden; vervollständigen	
p. 48	**native speaker** [ˌneɪtɪv 'spiːkə]	Muttersprachler/in	Ⓛ nasci *(geboren werden)*
	pattern ['pætn]	Muster	I like the ~ of your pullover, but not the colour.

Part C

p. 52	**cook** [kʊk]	Koch, Köchin	
	oval ['əʊvl]	oval	! stress: **o**val ['əʊvl]

cranberry ['krænbəri]	Preiselbeere	
sauce [sɔːs]	Soße	
pumpkin ['pʌmpkɪn]	Kürbis	
pie ['paɪ]	Obstkuchen; Pastete	
impatient [ɪm'peɪʃnt]	ungeduldig	I get ~ when I have to wait for a long time. **patient** (geduldig) ◄► **impatient** (F) impatient, e
leather ['leðə]	Leder	
a little	ein bisschen, ein wenig, etwas	
(to) **flash through** sb.'s **mind** [flæʃ], [maɪnd]	jm. durch den Kopf schießen	I thought for a long time, then suddenly an idea **~ed through my ~**.
fairly ['feəli]	ziemlich	! **fair** = „fair, gerecht" Come on, kids, play **fair**! **fairly** = „ziemlich" He plays chess **fairly** well. (= … **quite** well.)
(to) **hunt** [hʌnt]	jagen	
line [laɪn]	Leine, (Angel-)Schnur	
hook [hʊk]	Haken	noun: **hook** ~ verb: (to) **hook** (an den Haken/an die Angel bekommen)
sharp [ʃɑːp]	scharf	Be careful. That knife is very ~.

cranberries **sauce** **pumpkin** **pumpkin pie**

	(to) **shoot** [ʃuːt], **shot, shot** [ʃɒt]	schießen; erschießen	She **shot** the thief in the leg. John Lennon was **shot** in 1980.
	awfully ['ɔːfli]	furchtbar, außerordentlich	I'm **awfully** sorry that I can't come to your party.
	cruel ['kruːl]	grausam	I don't like zoos. I think it's **cruel** to put animals in cages. (F) cruel, le (L) crudelis, -e
	harmonica [hɑː'mɒnɪkə]	Mundharmonika	
	strict [strɪkt]	streng	Emily isn't allowed to watch TV after 9 o'clock. Her parents are very ~ about that.
	limited ['lɪmɪtɪd]	beschränkt, begrenzt	The price is ~ for one month only. (F) limité, e (L) limes *m (Grenze)*
p. 53	(to) **skim a text** [skɪm]	einen Text überfliegen *(um den Inhalt grob zu erfassen)*	
	sub-heading ['sʌbˌhedɪŋ]	Zwischenüberschrift; Kapitelüberschrift	Long articles in newspapers are often broken up with ~-**headings**.
	graphics *(pl)* ['græfɪks]	Grafiken	

p. 54 **totally** ['təʊtəli] — völlig, total

- adv: **totally** (völlig, total) – I **totally** disagree. Ⓕ totalement
- adj: **total** (Gesamt-) – the **total** number of students at this school Ⓕ total, e

p. 55 **narrator** [nə'reɪtə] — Erzähler/in; Sprecher/in

Unit 3 California

p. 64 **desert** ['dezət] — Wüste

Ⓕ le désert Ⓛ deserere *(verlassen)*

contrast ['kɒntrɑːst] — Kontrast, Gegensatz — ! stress: **con**trast ['kɒntrɑːst] Ⓕ le contraste

Part A

p. 66 **marine** [mə'riːn] — Meeres- — **marine** life, **marine** animals, **marine** scientists Ⓛ mare *n (Meer)*

reserve [rɪ'zɜːv] — Schutzgebiet, Reservat

the week before	die Woche zuvor; in der Woche davor	Last week was sunny. **The week** ~ was rainy.
parking lot ['pɑːkɪŋ lɒt] *(AE)*, **car park** ['kɑː pɑːk] *(BE)*	Parkplatz	**car park** *(BE)* / **parking lot** *(AE)* 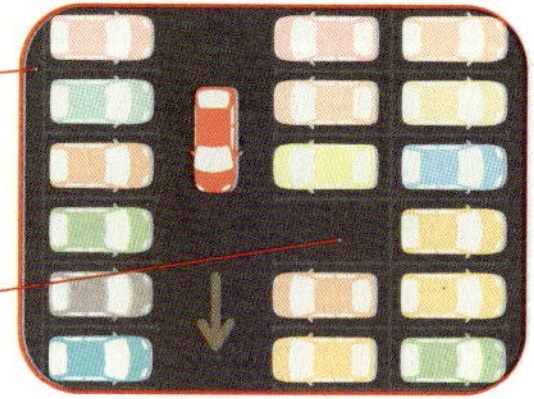 **parking space**
a couple ['kʌpl]	ein Paar; ein paar	 **a young couple**  **a couple of sandwiches**
foreign ['fɒrən]	fremd, ausländisch	a **foreign** language; **foreign** countries
(to) **stretch** [stretʃ]	sich dehnen, sich strecken	The cat **~ed** then washed himself.
motel [məʊ'tel]	Motel *(Hotel mit Zimmern und Garagen an einer Autostraße)*	
(to) **complain** [kəm'pleɪn]	sich beschweren, sich beklagen	There is a disco right next to the hotel, and a lot of guests ~ about the noise. Ⓕ se plaindre

Sorry? ['sɒri]	Wie bitte?	

sorry

Mit **sorry** kannst du …

• **dich entschuldigen:**	**Sorry** I'm late.	**Entschuldigung**, dass ich zu späte komme.
• **sagen, dass dir etwas leid tut:**	My grandfather died last month. – Oh, **I'm sorry**.	Mein Großvater ist letzten Monat gestorben. – Oh, **das tut mir leid**.
• **nachfragen, wenn du etwas nicht richtig verstanden hast:**	We'll pick you up at the airport. – **Sorry?** It's a bit loud in here. Could you say that again?	Wir holen Sie am Flughafen ab. – **Wie bitte?** Es ist ein bisschen laut hier. Könnten Sie das wiederholen?

(to) **give** sb. **directions (to)** [də'rekʃnz]	jm. den Weg beschreiben (zu/nach)	(to) **ask for directions** ◄► (to) **give directions** (nach dem Weg fragen)
(to) **spot** sb./sth. [spɒt]	jn./etwas entdecken, erblicken	We had a picnic on the coast, and suddenly Dad **~ted** some seals.
shell [ʃel]	Muschel(schale)	
wildlife ['waɪldlaɪf]	Tierwelt, frei lebende Tiere	The ~ of Africa is very different from the ~ in Europe. You can find all kinds of ~ in our national parks.

Mr. Miller **/ Mrs.** Miller *(AE)*	Herr Miller / Frau Miller	! In American English, **Mr** and **Mrs** are usually written with a full stop.
(to) **arrange** [ə'reɪndʒ]	organisieren, vereinbaren	Let's ~ a time to meet again next week.
p. 67 **hostess** ['həʊstəs]	Gastgeberin *(in USA auch: Frau, die in einem Restaurant die Gäste in Empfang nimmt)*	
social ['səʊʃl]	sozial, Sozial-, gesellschaftlich	! stress: **so**cial ['səʊʃl] Ⓕ social, e Ⓛ socius *m* *(Kamerad)*
(to) **look out for** sb./sth.	nach jm./etwas Ausschau halten	We need some bread. Can you ~ **out for** a bakery?
stranger ['streɪndʒə]	Fremde(r), Unbekannte(r)	Young children shouldn't speak to **~s**. Ⓕ l'étranger *(m)*, l'étrangère *(f)*
saying ['seɪɪŋ]	Sprichwort, Redensart	
separately ['seprətli]	einzeln, separat	adjective: **separate** – The library has a **separate** room for children's books. adverb: **separately** – All the volunteers were interviewed **separately**.
common ['kɒmən]	häufig; weit verbreitet	One of the most ~ names for girls in Britain today is Olivia. Ⓛ communis, -e *(allgemein)*

p. 68	**prediction** [prɪˈdɪkʃn]	Vorhersage, Voraussage	What is your ~ for the *Bundesliga* this year? Who will win? (L) praedicere *(vorhersagen)*
	(to) **cycle** [ˈsaɪkl]	Rad fahren, mit dem Rad fahren	= (to) **ride a bike**
p. 69	**machine** [məˈʃiːn]	Maschine, Gerät	
	can [kæn]	Dose	! *German* **Dose** = **1. tin** *(BE; for food)* **2. can** *(BE; for drink)* *In AE,* **can** *is used for food and drink.*
	(to) **squash** sth. [skwɒʃ]	etwas zerdrücken, zerquetschen	
	trash can [ˈtræʃ kæn] *(AE)*, **rubbish bin** [ˈrʌbɪʃ bɪn] *(BE)*	Mülltonne, Abfalleimer	a **rubbish bin** *(BE)* a **trash can** *(AE)* 
	necessary [ˈnesəsəri]	notwendig, nötig	You can phone me on my mobile if ~. (F) nécessaire (L) necesse est *(es ist notwendig)*
p. 71	**depressing** [dɪˈpresɪŋ]	deprimierend	I'm sad because the news is so ~.
	lively [ˈlaɪvli]	lebendig, lebhaft	At 75, my grandma is still very ~. She goes dancing twice a week.
	relaxed [rɪˈlækst]	entspannt	verb: (to) **relax** ~ adjective: **relaxed**
	tough [tʌf]	(knall)hart, schwierig	

Part B

p. 72	**noon** [nuːn]	Mittag	
	(to) **be about to do** sth.	im Begriff sein, etwas zu tun; kurz davor sein, etwas zu tun	I was ~ **to go** to bed when the doorbell rang.
	afterwards ['ɑːftəwədz]	nachher, danach	
	footstep ['fʊtstep]	Schritt	
	autograph ['ɔːtəgrɑːf]	Autogramm	
	she **feels faint** [feɪnt]	ihr ist schwindelig	When I saw the injured dog, I **felt** ~.
	VIP [ˌviː‿aɪ 'piː] **(very important person)**	Prominente(r)	! pronunciation: **VIP** [ˌviː‿aɪ 'piː] – *not:* ~~[vɪp]~~
p. 73	(to) **reveal** [rɪ'viːl]	offenbaren, preisgeben, verraten	Please don't ~ this news to anyone.
	wildfire ['waɪldfaɪə]	Waldbrand, Buschbrand	
	canyon ['kænjən]	Cañon	
	limousine [ˌlɪmə'ziːn], ['lɪməziːn]	Luxuslimousine, Straßenkreuzer	 **limousines**
	advertisement [əd'vɜːtɪsmənt]	Werbespot, Werbung; Anzeige, Inserat	

process ['prəʊses]	Prozess, Vorgang	! stress: **pro**cess ['prəʊses] (F) le processus (L) procedere *(vorrücken, fortschreiten)*
script [skrɪpt]	Drehbuch; Manuskript	(L) scribere *(schreiben)*
grade [greɪd] *(AE)*	Jahrgangsstufe, Klasse	= *BE* year (L) gradus *m (Stufe)*
(to) **tutor** sb. ['tjuːtə]	jn. unterrichten, jm. Stunden geben	My big brother **~s** kids to earn money. (L) tutus, -a, -um *(sicher)*
(to) **set** sth. **up, set, set** [set]	etwas errichten, aufbauen; etwas arrangieren	It took three hours to ~ **up** the equipment. The head teacher wants to ~ **up** a meeting with our parents.
take [teɪk]	Einstellung, Take *(beim Film)*	
(to) **switch** [swɪtʃ]	wechseln	Press OPT and TAB to ~ between programs.
(to) **pat** [pæt]	tätscheln	*English:* She **patted him on the head**. *German:* Sie **tätschelte ihm den Kopf**.
cute [kjuːt]	niedlich, süß	Oh, look at the baby seals! Aren't they ~?
season ['siːzn] *(bes. AE)*	Staffel *(einer Fernsehserie)*	
episode ['epɪsəʊd]	Episode	Each season has 13 ~s.
exotic [ɪg'zɒtɪk]	exotisch	We saw lots of ~ animals at the zoo. (F) exotique
for sure	klar; ganz bestimmt	'Are you coming to the game?' ~ '**For ~**.'
definitely ['defɪnətli]	sicher, bestimmt	

p. 74	(to) **be free**	frei haben	Can we meet tomorrow? **Are** you **free**?
	How's it going?	Wie geht's? / Wie läuft's?	
	for a change	zur Abwechslung	Can we listen to *my* music **for a ~**?

Part C

p. 78	**celebrity** [sə'lebrəti]	Berühmtheit *(berühmte Person)*	(L) celeber, celebris, celebre *(berühmt)*
	flame [fleɪm]	Flamme	(L) flamma *f*
	shiny ['ʃaɪni]	glänzend	What has she put on her hair? It's so nice and ~.
	unstoppable [ʌn'stɒpəbl]	unaufhaltsam, unaufhaltbar	For years, Bayern Munich has been ~.
	(to) **go viral** ['vaɪrəl]	sich wie ein Virus ausbreiten / sich wie ein Lauffeuer verbreiten	In just a few hours, the story of their divorce **has gone ~**.
	security [sɪ'kjʊərəti]	Sicherheit, Sicherheits-	 **a security check at the airport** (F) la sécurité

	guard [gɑːd]	Wachposten, Wache	
	environment [ɪn'vaɪrənmənt]	Umwelt	(F) l'environnement *(m)*
	quote [kwəʊt] *(infml für* **quotation** [kwəʊ'teɪʃn])	Zitat	
	Ms Miller *(BE)*, **Ms.** Miller *(AE)* [mɪz], [məz]	Frau Miller	! Viele Frauen möchten lieber mit **Ms** … angesprochen werden, weil am Wort **Ms** nicht zu erkennen ist, ob sie verheiratet sind oder nicht.
	discovery [dɪ'skʌvəri]	Entdeckung	(F) la découverte
	(to) **discover** [dɪ'skʌvə]	entdecken; herausfinden	I **~ed** some old photos of my grandparents in the attic.
	channel ['tʃænl]	Kanal, Sender	The English **Channel** is between France and the UK. What ~ is the film on?
	the latest ['leɪtɪst] *(infml)*	das Neueste	Have you heard **the** ~? Sam and Jo aren't together any more.
	Stay posted. ['pəʊstɪd]	Bleib(t) auf dem Laufenden!	
	disappointed (with) [ˌdɪsə'pɔɪntɪd]	enttäuscht (von)	She was ~ **with** the result of the game. She knew her team could do better.
	reaction (to) [ri'ækʃn]	Reaktion (auf)	verb: (to) **react (to)** – noun: **reaction (to)**
p. 79	(to) **evacuate** [ɪ'vækjueɪt]	evakuieren	There was a fire at school today and they had to ~ the building. (F) évacuer (L) vacuus, -a, *-um (leer)*

resident ['rezɪdənt]	Bewohner/in, Anwohner/in	
power ['paʊə]	Energie, Strom; Kraft, Stärke; Macht	How much ~ does a TV use? Eating the right food can help you to build up your ~. In the old days, kings and queens had more ~ than they do today.
(to) **be cut off from** sth.	von etwas abgeschnitten/ abgetrennt sein	During the cold winter of 1999, the village **was ~ off from** the rest of the world for three months.
burnt [bɜːnt]	verbrannt	verb: (to) **burn (burned, burned)** - adjective: **burnt**
mph [ˌem piː‿'eɪtʃ] (*kurz für:* **miles per hour** [pə, pɜː])	Meilen pro Stunde	55 **mph** = about 89 km/h
cause [kɔːz]	Ursache	I still don't understand the ~ of the problem. Ⓕ la caus Ⓛ causa *f*
(to) **cause** [kɔːz]	verursachen	I still don't understand what **~d** the problem. verb: (to) **cause** – noun: **cause**
illegal [ɪ'liːgl]	illegal, ungesetzlich	**legal ◄► illegal** ! stress: <u>le</u>gal ['liːgl], il<u>le</u>gal [ɪ'liːgl] Ⓕ légal, e ~ illégal Ⓛ lex *f (Gesetz)*
campfire ['kæmpfaɪə]	Lagerfeuer	a **campfire** 

(to) **investigate** [ɪn'vestɪgeɪt]	*(polizeilich)* untersuchen; ermitteln	The police are **investigating** the cause of the fire.
firefighter ['faɪəfaɪtə]	Feuerwehrmann/-frau	
helicopter ['helɪkɒptə]	Hubschrauber, Helikopter	(F) l'hélicoptère *(m)*
My heart goes out to …	Ich fühle mit … / Mein Mitgefühl gilt …	When I hear about all the poor people in Africa, **my ~ goes out to** them and I want to offer my help.
drought [draʊt]	Dürre, Trockenheit	
frequent ['friːkwənt]	häufig	
more and more frequent / beautiful	immer häufiger / schöner	"You get ~ **and** ~ beautiful every day, honey." My English is getting **better and better** *(immer besser)* as I get older.
expert ['ekspɜːt]	Experte/Expertin	! stress: **<u>ex</u>pert** ['ekspɜːt] (F) l'expert *(m)*, l'experte *(f)*
climate ['klaɪmət]	Klima	! pronunciation: **climate** ['klaɪmət] (F) le climat
link [lɪŋk]	Link, Verknüpfung, Verbindung	
cigarette [ˌsɪgə'ret]	Zigarette	
permit ['pɜːmɪt]	Genehmigung, Erlaubnis(schein)	You need a ~ to go fishing here. (L) permittere *(erlauben)*
effect (on) [ɪ'fekt]	(Aus-)Wirkung (auf)	**cause ◄► effect** (F) l'effet *(m)* (L) efficere *(bewirken)*

	(to) **compare** [kəm'peə]	vergleichen	Now ~ your ideas with a partner's. (F) comparer (L) comparare
	emotional [ɪ'məʊʃənl]	emotional; gefühlsbetont	! stress: e**mo**tional [ɪ'məʊʃənl] (F) émotionnel, le
	neutral ['nju:trəl]	neutral	! stress: **neu**tral ['nju:trəl] (F) neutre (L) neuter, neutra, neutrum
p. 80	**location** [ləʊ'keɪʃn]	Ort, Standort; Drehort	
p. 81	**fame** [feɪm]	Ruhm	adjective: **famous** ~ noun: **fame**
p. 82	**synonym** ['sɪnənɪm]	Synonym *(bedeutungsgleiches Wort)*	Words or phrases that have the same (or almost the same) meaning are called "**~s**". (F) le synonyme
	antonym ['æntənɪm]	Antonym *(Gegensatzwort)*	
	opposite ['ɒpəzɪt]	Gegenteil	What's the ~ of "dirty"? – "Clean."
	prefix ['pri:fɪks]	Präfix, Vorsilbe	Many adjectives can be made negative with the ~ "un-".
p. 83	**dramatic** [drə'mætɪk]	dramatisch	I saw a ~ film about a man who escaped from prison. (F) dramatique
	outline ['aʊtlaɪn]	Gliederung	An ~ helps you to structure your ideas before you start writing.

	possible ['pɒsəbl]	möglich	**possible ◄► impossible** (F) possible ~ impossible (L) posse *(können)*
	(to) **experience** [ɪk'spɪəriəns]	erfahren, erleben	Where's a good place to ~ a white Christmas? verb: (to) **experience** - noun: **experience**
	catchy ['kætʃi] *(infml)*	eingängig *(Melodie, Slogan)*	This song is so ~ I can't stop singing it.
	(to) **round** sth. **off (with** sth.**)**	etwas (mit etwas) abschließen, vervollständigen	They **~ed off** the meal with coffee.
	(to) **mention** ['menʃn]	erwähnen	Now that you ~ it: yes, I'm hungry too.
p. 84	**supply** [sə'plaɪ]	Vorrat; Versorgung, Lieferung	No milk in the shops! They're having ~ problems.
	excerpt (from) ['eksɜːpt]	Auszug (aus)	We're not reading the whole book, just an ~.

Unit 4 South Dakota

p. 88	**impressive** [ɪm'presɪv]	beeindruckend	This ~ church was built in 1799.
	vast [vɑːst]	riesig	Africa is a ~ continent. It's over 5,000 miles from north to south.
	sculpture ['skʌlptʃə]	Skulptur	! stress: **sculp**ture ['skʌlptʃə] (F) Isa sculpture
	reservation [ˌrezə'veɪʃn] (*kurz auch:* **rez**)	Reservat, Reservation	(L) *servare (retten, bewahren)*

	prairie ['preəri]	Prärie, Grasland	❗ stress: **prai**rie ['preəri] Ⓕ la prairie
	region ['riːdʒən]	Region	❗ stress: **region** ['riːdʒən] Ⓕ la région Ⓛ regio *f*
	(to) **carve** [kɑːv]	meißeln; schnitzen	
p. 89	**bison** ['baɪsn], *pl* **bison**	Amerikanischer Bison	**a bison** 

Part A

p. 90	(to) **slap** [slæp]	knallen, klatschen	She **~ped** the letters on his desk.
	(to) **appreciate** sb./sth. [ə'priːʃieɪt]	etwas schätzen, etwas zu schätzen wissen	Thank you. We really ~ your help.
	wheel [wiːl] (*kurz für:* **steering wheel** ['stɪərɪŋ wiːl])	Lenkrad	❗ **wheel** = 1. Rad  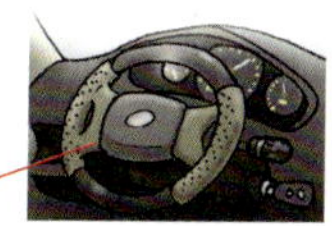 2. *(steering wheel)* Lenkrad 3. **wheels** *(pl; infml)* fahrbarer Untersatz 
	(to) **honk** [hɒŋk]	hupen	

coach [kəʊtʃ]	Trainer/in	
rodeo ['rəʊdiəʊ]	Rodeo	! stress: <u>ro</u>deo ['rəʊdiəʊ]
final ['faɪnl]	Finale, Endspiel	! stress: <u>fi</u>nal ['faɪnl]

(to) keep, kept, kept

1) (to) **keep**	behalten aufbewahren aufheben, aufsparen	Can I **keep** your pen or do you want it back? Butter should be **kept** in a cool place. Don't eat all your biscuits now. **Keep** some for later.
2) (to) **keep** sth. **alive/fresh/warm/…**	halten, erhalten	I think we should try to **keep** our traditions **alive**. She put on some boots to **keep** her feet **warm**.
3) (to) **keep** sth. **up**	etwas aufrechterhalten, etwas fortsetzen	Dad goes to evening classes to **keep up** his English. You're doing good work. **Keep it up!**
4) (to) **keep to** sth.	sich an etwas halten	We should **keep to** our plan and go by bike.
5) (to) **keep (on) doing** sth.	etwas immer wieder/ immer weiter/ständig tun	They **kept (on) walking** till they got to a village. I tried to speak, but he **kept interrupting** me.

No wonder … ['wʌndə]	Kein Wunder …	His grandma has just died. ~ **No** – he looks so sad. The Grand Canyon is one of the natural ~**s** of the world. ! Dem Wort **Wunder** in der Bedeutung „übernatürliches Ereignis" entspricht das englische **miracle**: It's a **miracle** she didn't die in the car crash.

water fountain *(bes. AE)* **/** **drinking fountain** *(bes. BE)* ['faʊntən]	Trinkbrunnen	 Ⓕ la fontaine
(to) **tuck** [tʌk]	stecken, klemmen	He **~ed** his books under his arm and left. She **~ed** her hair behind her ear and started writing.
(to) **advise** sb. **to do** sth. [əd'vaɪz]	jm. raten, etwas zu tun	The doctor **~d** him **to** eat more fruit. The doctor **~d** him not **to** eat so much meat.
technique [tek'niːk]	Technik, Methode	**!** stress: tech**nique** [tek'niːk]
excellent ['eksələnt]	ausgezeichnet, hervorragend	Ⓕ excellent, e
(to) **speed up** [ˌspiːd‿'ʌp]	beschleunigen, schneller werden	You're so slow! Can't you ~ **up** a bit?
(to) **qualify** ['kwɒlɪfaɪ]	sich qualifizieren	If we win this match, we'll ~ for the finals. Ⓕ se qualifier
it takes practice ['præktɪs]	es erfordert Übung	You can't do this immediately. **It** will **take** ~.
somewhere ['sʌmweə]	irgendwo, irgendwohin	This summer I'd like to go ~ where it's nice and warm.
p. 91 **apart** [ə'pɑːt]	auseinander, voneinander entfernt	The two houses are only 10 m ~. We took the cupboard ~ to get it out of the room.
(to) **notice** ['nəʊtɪs]	merken, bemerken	I didn't ~ Jeremy because he was so quiet. When I arrived, I **~d** that I had forgotten my money.

whether ['weðə]	ob	**Whether** you go or not, that is your decision. ! **whether** is a little more formal than **if**.
(to) **divide (into)** [dɪ'vaɪd]	(sich) teilen (in), (sich) aufteilen (in)	Now ~ **into** groups and talk about the questions. We ~**d** the cake **into** eight parts. (F) diviser (L) dividere
period ['pɪəriəd] *(bes. AE)*	Unterrichtsstunde, Schulstunde	
register ['redʒɪstə]	Klassenbuch; Register, Verzeichnis	
driver's license ['draɪvəz ˌlaɪsəns] *(AE)*, **driving licence** *(BE)*	Führerschein, Fahrerlaubnis	(L) licet *(es ist erlaubt)*
basic ['beɪsɪk]	elementar, Grund-	The ~ idea is quite simple really.
literature ['lɪtrətʃə]	Literatur	! stress: **li**terature ['lɪtrətʃə] (F) la littérature (L) litterae *f*
social studies [ˌsəʊʃl 'stʌdiz]	Sozialkunde	
assignment [ə'saɪnmənt] *(AE)*	Aufgabe, Arbeitsauftrag *(in der Schule oder daheim zu erledigen)*	
(to) **pass** [pɑːs]	bestehen *(Test, Prüfung)*	(F) passer
grade [greɪd] *(bes. AE)* *(BE auch:* **mark** [mɑːk])	(Schul-)Note, Zensur	! **grade** = **1.** *(AE)* Klasse, Jahrgangsstufe (= *BE* **year**) **2.** *(bes. AE)* Note, Zensur *(BE auch:* **mark**) (L) gradus *m (Stufe)*

	(to) **fail** [feɪl]	nicht bestehen *(Test, Prüfung)*; durchfallen	(to) **pass a test** ◄► (to) **fail a test**
	extra ['ekstrə]	zusätzlich	Ⓛ extra *(außerhalb)*
p. 92	(to) **attend a** course [ə'tend]	einen Kurs besuchen, an einem Kurs teilnehmen	My son was ill and couldn't ~ classes today. He **~ed** the same school as his older sister.
	session ['seʃn]	Sitzung, Einheit	Ⓛ sedere *(sitzen)*
	property ['prɒpəti]	Eigentum	Ⓕ la propriété
	(to) **take care of** sth. [keə]	sich (gut) um etwas kümmern; sorgfältig mit etwas umgehen	You can have my bike, but promise to **take ~ of** it.
	for this reason ['ri:zn]	aus diesem Grund	Year 4 will visit the museum on Friday afternoon. **For this ~**, lessons will end at 12 o'clock.
	(to) **steal** [sti:l], **stole** [stəʊl], **stolen** ['stəʊlən]	stehlen	Where is your bike? – Somebody has **stolen** it.
	at any time	jederzeit, zu jeder Zeit	**at any time** ◄► **at no time**
	grounds *(pl)* [graʊndz]	Gelände	Students need a permit to leave the school ~.
	principal ['prɪnsəpl] *(bes. AE)*	Schulleiter/ in	Ⓛ princeps, principis *m (erster Mann)*
p. 93	**position** [pə'zɪʃn]	Platz, Position	! stress: **po<u>si</u>tion** [pə'zɪʃn] Ⓕ la position Ⓛ ponere *(stellen)*

p. 94	(to) **come up to** sb.	auf jn. zukommen	He **came ~ to** me and asked me how to get to York.
p. 95	**state** [steɪt]	Zustand	Your bedroom is in a terrible ~. Please clean it now!

Part B

p. 98	**flat** [flæt]	flach, eben	Cycling is easier in a ~ area like the Münsterland than in a hilly area like the Weserbergland. **hilly ◄► flat**
	wheat [wiːt]	Weizen	Is this bread made from ~?
	(to) **borrow** sth. **(from** sb.**)** ['bɒrəʊ]	sich etwas (aus)leihen (von jm.), etwas entleihen	! • You **borrow** something from somebody: "Can I **borrow** your MP3 player?" • You **lend** somebody something: "OK, I'll **lend** you my MP3 player. But I want it back by tomorrow."
	(to) **lend** sb. sth. [lend], **lent, lent** [lent]	jm. etwas leihen	
	helpful ['helpfl]	hilfreich	
	college ['kɒlɪdʒ]	Hochschule	

Part C

p. 102	(to) **attract** [ə'trækt]	anziehen, anlocken	New York **~s** millions of tourists every year. verb: (to) **attract** ~ noun: **attraction** Ⓕ a tirer ~ l'attraction *(f)* Ⓛ ad *(an, zu)* + trahere *(ziehen)*

more than in any other place	mehr als an jedem anderen Ort	
giant ['dʒaɪənt]	riesig, Riesen-	(F) géant, e
patriotism ['peɪtriətɪzəm]	Patriotismus	! stress: **pa**triotism ['peɪtriətɪzəm] (F) le patriotisme (L) patria *f (Heimat)*
taxpayer ['tækspeɪə]	Steuerzahler/in	
tax [tæks]	*(die)* Steuer	The ~ on cars in Germany is higher than the ~ on books.
however [haʊ'evə]	aber; allerdings; jedoch	She was born in France. She isn't French, ~. (= But she isn't French.)
sacred ['seɪkrɪd]	heilig	Cows are ~ in India. (L) sacer, sacra, sacrum
extremely [ɪk'stri:mli]	äußerst, höchst	The Beatles were ~ popular in the 1960s. adjective: **extreme** (extrem) – adverb: **extremely** (L) extra *(außerhalb)*
offensive [ə'fensɪv]	beleidigend, Anstoß erregend	My grandma finds some words very ~. (L) *offendere (beleidigen)*
(to) **spray** [spreɪ]	(be)sprühen, sprayen	**Spraying graffiti** is illegal. The walls were **sprayed** with **graffiti**.
graffiti [grə'fi:ti]	Graffiti	
wonderful ['wʌndəfəl]	wunderbar	

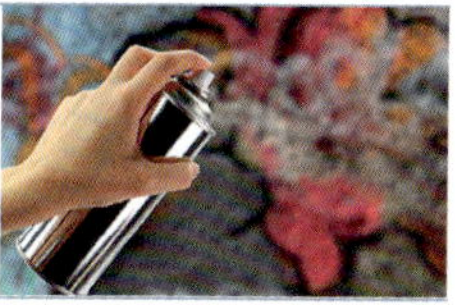

hardly ['hɑːdli]	kaum	There was ~ anyone in the streets. It was very quiet. ! They work **hard**. They **hardly** work. Sie arbeiten **hart**. Sie arbeiten **kaum**.
surprising [sə'praɪzɪŋ]	überraschend	
surprise [sə'praɪz]	Überraschung	A present? For me? That's a nice! (F) la surprise adjective: **surprising** (überraschend) **surprised** (überrascht) noun: **surprise** I smiled in ~. (voller Überraschung)
(to) **be dedicated to** ['dedɪkeɪtɪd]	gewidmet sein *(einer Sache/Person)*	There is a monument that **is** ~ **to** the people who died in the fire.
granite ['grænɪt]	Granit	
(to) **gaze** [geɪz]	blicken, starren	He **~d** for hours at the sea.
ceremony ['serəməni]	Zeremonie	! stress: **ce**remony ['serəməni] (F) la cérémonie
national anthem [ˌnæʃnəl‿'ænnθəm]	Nationalhymne	
floodlight ['flʌdlaɪt]	Flutlicht(lampe)	**floodlights**
cloudless ['klaʊdləs]	wolkenlos	
pride (in sth.) [praɪd]	Stolz (auf etwas)	adjective: **proud (of** sth.**)** ~ noun: **pride (in** sth.**)**

p. 103	**whenever** [ˌwen'evə]	wann (auch) immer; egal, wann	

whenever, wherever, whatever, whoever

At my school, we're allowed to use dictionaries **whenever** we want.	… **wann immer wir wollen**
I'll find you, **wherever** you are.	… **wo immer du (auch) bist / egal, wo du bist**
We will help you, **whatever** happens.	… **was immer auch geschieht / egal, was geschieht**
Whoever told you that was wrong.	**Wer immer dir das auch erzählt hat,** …

	glum(ly) [glʌm, 'glʌmli]	niedergeschlagen	adjective: **glum** – Don't be **glum**. Try to be more optimistic. adverb: **glumly** – "We lost again," he said **glumly**.
	insult (to) ['ɪnsʌlt]	Beleidigung (für)	I take your comment as a personal ~ **to** me. Ⓕ insulter
	not (...) any longer ['lɒŋgə]	nicht länger; nicht mehr	I'll leave now. I do**n't** want to wait for you **any** ~.
	(to) **change your mind** [maɪnd]	es sich anders überlegen; seine Meinung ändern	I've **changed my** ~. I *will* wait for you.
p. 104	**suffix** ['sʌfɪks]	Suffix, Nachsilbe	**prefix** (Vorsilbe) ◄► **suffix** (Nachsilbe) Ⓕ le préfixe ◄► le suffixe
	exam [ɪg'zæm]	Prüfung	*English:* (to) **take an exam** *German:* **eine Prüfung ablegen**
	abstract ['æbstrækt]	abstrakt	! stress: <u>**ab**</u>stract ['æbstrækt] Ⓛ abstractus *(weggezogen)*

	concrete ['kɒŋkriːt]	konkret	! stress: **<u>con</u>crete** ['kɒŋkriːt] (L) concretus *(zusammengewachsen)*
p. 105	**certain** ['sɜːtn]	bestimmte(r, s), gewisse(r, s)	Try to save a ~ amount of money each month. A ~ Mr Davidson called this morning. (L) certus
p. 106	**bilingual** [baɪ'lɪŋgwəl]	zweisprachig	(F) bilingue (L) bis *(zweimal)*, lingua *f (Sprache)*
p. 107	**relationship** [rɪ'leɪʃnʃɪp]	Beziehung, Verhältnis	(F) la relation
	long shot ['lɒŋ ʃɒt]	Totale, Totalaufnahme	
	medium shot ['miːdiəm ʃɒt]	Halbtotale	(L) medius, -a, -um *(der mittlere)*
	close-up ['kləʊs‿ʌp]	Nahaufnahme	

Irregular verbs

infinitive	simple past	past participle	
(to) **be**	**was; were**	**been**	sein
(to) **beat**	**beat**	**beaten**	schlagen; besiegen
(to) **become**	**became**	**become**	werden
(to) **begin**	**began**	**begun**	beginnen, anfangen
(to) **bend**	**bent**	**bent**	sich bücken, sich beugen
(to) **bite** [aɪ]	**bit** [ɪ]	**bitten** [ɪ]	beißen
(to) **blow sth. out**	**blew**	**blown**	etwas auspusten, ausblasen
(to) **break** [eɪ]	**broke**	**broken**	brechen; zerbrechen
(to) **bring**	**brought**	**brought**	(mit-, her)bringen
(to) **build**	**built**	**built**	bauen
(to) **burst** into tears	**burst**	**burst**	in Tränen ausbrechen
(to) **buy**	**bought**	**bought**	kaufen
(to) **catch**	**caught**	**caught**	fangen
(to) **choose** [uː]	**chose** [əʊ]	**chosen** [əʊ]	aussuchen, (aus)wählen; sich aussuchen
(to) **come**	**came**	**come**	kommen

(to) **cost**	**cost**	**cost**	kosten
(to) **cut**	**cut**	**cut**	schneiden
(to) **do**	**did**	**done** [ʌ]	tun, machen
(to) **draw**	**drew**	**drawn**	zeichnen
(to) **drive** [aɪ]	**drove** [əʊ]	**driven** [ɪ]	(mit dem Auto) fahren
(to) **drink**	**drank**	**drunk**	trinken
(to) **eat**	**ate** [et, eɪt]	**eaten**	essen
(to) **fall**	**fell**	**fallen**	fallen, stürzen; hinfallen
(to) **feed**	**fed**	**fed**	füttern
(to) **feel**	**felt**	**felt**	fühlen; sich fühlen
(to) **fight**	**fought**	**fought**	(be)kämpfen
(to) **find**	**found**	**found**	finden
(to) **fly**	**flew**	**flown**	fliegen
(to) **forget**	**forgot**	**forgotten**	vergessen
(to) **freeze**	**froze**	**frozen**	(ge)frieren; zufrieren; einfrieren
(to) **get**	**got**	**got**	bekommen; holen; werden; gelangen

infinitive	simple past	past participle	
(to) **give**	**gave**	**given**	geben
(to) **go**	**went**	**gone** [ɒ]	gehen
(to) **grow**	**grew**	**grown**	wachsen; anbauen, anpflanzen
(to) **hang**	**hung**	**hung**	hängen
(to) **have**	**had**	**had**	haben
(to) **hear** [ɪə]	**heard** [ɜː]	**heard** [ɜː]	hören
(to) **hide** [aɪ]	**hid** [ɪ]	**hidden** [ɪ]	verstecken; sich verstecken
(to) **hit**	**hit**	**hit**	schlagen
(to) **hold**	**held**	**held**	halten
(to) **hurt**	**hurt**	**hurt**	schmerzen, wehtun; verletzen
(to) **keep**	**kept**	**kept**	behalten; aufheben, aufsparen; aufbewahren
(to) **kneel** [niːl]	**knelt** [nelt]	**knelt** [nelt]	knien
(to) **know** [nəʊ]	**knew** [njuː]	**known** [nəʊn]	wissen; kennen
(to) **lead** [iː]	**led**	**led**	führen, leiten
(to) **leave** [iː]	**left**	**left**	(weg)gehen; abfahren; (zurück)lassen; verlassen
(to) **lend sb. sth.**	**lent**	**lent**	jm. etwas leihen

(to) **let**	**let**	**let**	lassen
(to) **lie**	**lay**	**lain**	liegen
(to) **light** [aɪ]	**lit** [ɪ]	**lit** [ɪ]	anzünden
(to) **lose** [uː]	**lost** [ɒ]	**lost** [ɒ]	verlieren
(to) **make**	**made**	**made**	machen; herstellen
(to) **mean** [iː]	**meant** [e]	**meant** [e]	bedeuten; meinen
(to) **meet** [iː]	**met** [e]	**met**	treffen; sich treffen; kennenlernen
(to) **pay**	**paid**	**paid**	bezahlen
(to) **put**	**put**	**put**	(etwas wohin) tun, legen, stellen
(to) **read** [iː]	**read** [e]	**read** [e]	lesen
(to) **ride** [aɪ]	**rode**	**ridden** [ɪ]	reiten; (Rad) fahren
(to) **ring**	**rang**	**rung**	klingeln, läuten
(to) **rise up** [aɪ]	**rose**	**risen** [ɪ]	aufragen, emporragen
(to) **run**	**ran**	**run**	rennen, laufen
(to) **say** [eɪ]	**said** [e]	**said** [e]	sagen
(to) **see**	**saw**	**seen**	sehen

infinitive	simple past	past participle	
(to) **sell**	**sold**	**sold**	verkaufen
(to) **send**	**sent**	**sent**	schicken, senden
(to) **set sth. up**	**set**	**set**	etwas errichten, aufbauen; etwas arrangieren
(to) **shake**	**shook**	**shaken**	schütteln
(to) **shine**	**shone** [*BE:* ɒ, *AE:* əʊ]	**shone** [ɒ, əʊ]	scheinen (Sonne)
(to) **shoot** [uː]	**shot** [ɒ]	**shot** [ɒ]	schießen; erschießen
(to) **sing**	**sang**	**sung**	singen
(to) **sit**	**sat**	**sat**	sitzen; sich setzen
(to) **sleep**	**slept**	**slept**	schlafen
(to) **speak** [iː]	**spoke**	**spoken**	sprechen
(to) **spend**	**spent**	**spent**	(Zeit) verbringen; (Geld) ausgeben
(to) **spin around**	**spun**	**spun**	sich (im Kreis) drehen; herumwirbeln
(to) **spread** [e]	**spread** [e]	**spread** [e]	ausbreiten, verbreiten; sich ausbreiten, verbreiten
(to) **stand**	**stood**	**stood**	stehen; sich (hin)stellen
(to) **steal**	**stole**	**stolen**	stehlen
(to) **stick**	**stuck**	**stuck**	stechen, stecken

(to) **swear** [eə]	**swore**	**sworn**	schwören
(to) **swim**	**swam**	**swum**	schwimmen
(to) **take**	**took**	**taken**	(mit)nehmen; (weg-, hin)bringen; dauern
(to) **teach**	**taught**	**taught**	unterrichten, lehren
(to) **tear down** [teə]	**tore**	**torn**	abreißen
(to) **tell**	**told**	**told**	erzählen, berichten
(to) **think**	**thought**	**thought**	denken, glauben
(to) **throw**	**threw**	**thrown**	werfen
(to) **tread** [e]	**trod**	**trodden**	treten
(to) **understand**	**understood**	**understood**	verstehen
(to) **wake up**	**woke up**	**woken up**	aufwachen; (auf)wecken
(to) **wear** [eə]	**wore** [ɔː]	**worn** [ɔː]	tragen (Kleidung)
(to) **win**	**won** [ʌ]	**won** [ʌ]	gewinnen
(to) **write**	**wrote**	**written**	schreiben

Titelbild

Shutterstock.com (Brooklyn Bridge, New York City: IM_photo)

Illustrationen

Roland Beier, Berlin (S.33 un.); **Michael Fleischmann**, Waldegg (S.8, S.9 lockers, S.10 , S.17 , S.27 ob., S.32 , S.45 mi.li., S.45 un., S.45 mi.re.)

Bildquellen

Adobe Stock stock.adobe.com (S.19 re.: postsmth); **Shutterstock GmbH** shutterstock.com (S.7 : WarmWorld, S.9 un.1te v.links: design56, S.9 un.2te v.links: gresei, S.12 : Gallinago_media, S.13 unten: James Steidl, S.13 oben: DrMadra, S.14 ob.re.: Hurst Photo, S.14 ob.li.: veleknez, S.15 mi.: Marcio Jose Bastos Silva, S.15 un.re.: Singkham, S.15 un.li.: 1000 Words, S.19 li.: Gayvoronskaya_Yana, S.19 mi.: Lawkeeper, S.22 *beans*: Ekaterina Lin, S.22 *garlic*: Maks Narodenko, S.22 *flour*: ddsign, S.22 *lentils*: baibaz, S.22 *butter*: Multiart, S.22 *nuts* (oben): Tim UR, S.22 *spinach:* Edvard Molnar, S.22 *sugar:* Garsya, S.22 *mushrooms:* Yasonya, S.22 *salt & pepper*: Elena Elisseeva, S.22 *onions*: andersphoto, S.22 *rice:* mayakova, S.22 *lemons:* Volosina, S.22 *peppers:* topseller, S.22 *nuts* (unten): Dionisvera, S.22 *parsley:* Evgeny Karandaev, S.23 re.: photobank.ch, S.23 mi.: Levent Konuk, S.23 li.: Petr Malyshev, S.24 ob.re.: Jarp2, S.24 ob.li.: tommaso lizzul, S.25 un.re.: mubus7, S.25 un.li.: Kunal Mehta, S.27 un.: ArtBitz, S.28 : Zack Frank, S.30 1ste v. li.: Dionisvera, S.30 3te v. li.: topseller, S.30 2te v. li.: sevenke, S.30 4te v. li.: Foodio, S.33 ob.: CoolKengzz, S.34 : Evlakhov Valeriy, S.36 : Sarawut Padungkwan, S.37 : yulia_lavrova, S.39 : Artisticco, S.41 : Dutourdumonde Photography, S.45 ob.: Joseph Sohm, S.47 : tawatchai.m, S.51 : Gts, S.52 : albund).

English G Access
G9 Ausgabe 2019 · Band 4
Vokabeltaschenbuch

Im Auftrag des Verlages herausgegeben von
Jörg Rademacher, Mannheim

Erarbeitet von
Dr. Hie-Jung You (Redaktion)

Lizenzmanagement
Sophie Dupiech

Umschlaggestaltung
hawemannundmosch, Berlin

Layout und technische Umsetzung
Eric Gira, Ungermeyer, Berlin

www.cornelsen.de

1. Auflage, 2. Druck 2024

Alle Drucke dieser Auflage sind inhaltlich unverändert und können im Unterricht nebeneinander verwendet werden.

Druck: AZ Druck und Datentechnik GmbH, Kempten

ISBN 978-3-06-036466-4

PEFC
PEFC/04-31-2260

PEFC-zertifiziert
Dieses Produkt stammt aus nachhaltig bewirtschafteten Wäldern und kontrollierten Quellen
www.pefc.de